Workbook: **Deutsch**

Afsaneh

eine von allen

یکی از همه
افسانه

Dieses Heft gehört:

_____

_____

_____

_____

_____

Köln © 2024   Vera Ansén

Bibliografische Information der Deutschen Nationalbibliothek: Die Deutsche Nationalbibliothek verzeichnet diese Publikation in der Deutschen Nationalbibliografie; detaillierte bibliografische Daten sind im Internet über dnb.dnb.de abrufbar.

Erste Auflage
© 2024 Vera Ansén

Idee, Text & Grafik: Vera Ansén
Satz & Layout: Ansén & Ansén
Lektorat: Rebecca Ansén

Verlag: BoD · Books on Demand GmbH, In de Tarpen 42, 22848 Norderstedt
Druck: LibriPlureos GmbH, Friedensallee 273, 22763 Hamburg

ISBN: 978-3-7597-8526-8

Zum Inhalt:

Über dieses Workbook   4

1. Die Einladung - zu Abschnitt I....................................   6

A. Der Brief: Einführung und interkulturelle Reflexion   8
B. Woman – Life – Freedom: Eine globale Bewegung   12
C. Der Iran und die Vereinten Nationen   16
D. Rumi – Der persische Dichter und Philosoph   20

2. Meine Notizen - zu Abschnitt II   24

A. Als Teenager im Faschismus: Verantwortung und Mitgefühl   26
B. Grenzen: Stadtgesellschaften und Nationen   30
C. Die Macht der Sprache: Worte formen Welten   34
D. Reichtum durch nachhaltige Bewirtschaftung   36

3. Unsere Erzählung - zu Abschnitt III-IV   38

A. Die Armee des Wissens: Revolution durch Bildung   40
B. Märchen – Geschichten auf Reisen   42
C. Farah Diba: Zwischen harter Arbeit und Repräsentation   46
D. „Unriddle the Comic": Macht und Intrigen   48
E. Der Aufbruch aus der DDR: Eine „friedliche Revolution"?   52

4. Afsaneh – eine von allen   54

A. Die bewusste Wahl unterschiedlicher Textsorten   56
B. Die Perspektive Afsanehs: Eine universelle Geschichte?   58
C. Werte und Botschaften der Lektüre   60
D. Visionen für die Zukunft - Der Iran und die Welt   62

Wortspeicher   64
Tipps für die Lehrperson...................................   68
Literaturverzeichnis und empfohlene Ressourcen   86

Willkommen zu deiner Forschungsreise!

Dieses Workbook begleitet dich durch die Geschichten und Themen von *Afsaneh – eine von allen*. Es hilft dir, die kulturellen und historischen Facetten des Iran zu entdecken, aber auch, deine eigenen Gedanken zu reflektieren und eine eigenständige Perspektive zu entwickeln.

Afsanehs Erzählungen sind voller Wärme und Stolz, geprägt von ihrer tiefen Verbundenheit zu ihrer Heimat. Doch sie spiegeln auch ihre ganz persönliche Sicht auf die Welt wider.

Dieses Workbook lädt dich ein, über ihre Geschichten hinauszublicken: Was bedeuten diese Erfahrungen für dich? Welche Fragen wecken sie, und welche Antworten findest du selbst?

Der Untertitel „Was ~~ist~~ war Iran?" bringt es auf den Punkt: Es geht nicht nur darum, die Vergangenheit eines Landes zu verstehen, sondern auch zu reflektieren, was sie für die Gegenwart und die Zukunft bedeutet.

Nicht fertige Antworten stehen im Mittelpunkt, sondern Fragen:

- Was prägt eine Kultur?
- Wie beeinflussen persönliche Erfahrungen unsere Sichtweisen?
- Was lernen wir daraus für unser eigenes Leben?

Dein Einsatz:

- Schaue genau hin! Entdecke Details, erkenne Muster und verstehe Zusammenhänge.
- Denke nach! Was bedeuten Afsanehs Erfahrungen für dich persönlich?
- Vertiefe dein Wissen, überprüfe, was du gelernt hast, und nutze kreative Aufgaben, um Neues zu entdecken.

Warum dieses Workbook besonders ist:

Es gibt dir Werkzeuge an die Hand, um unabhängig und kritisch zu denken. Es fordert dich heraus, nicht nur Fakten zu lernen, sondern sie einzuordnen und mit deiner eigenen Welt zu verbinden.

Wie Afsaneh sagt:
„Vergangenheit als Zukunftsbild führt nur in die Irre – Nur im ‚Hier und Jetzt' können wir uns wahrhaft begegnen."

Dieses Workbook hilft dir:

- Mehr über den Iran, seine Geschichte und seine Kultur zu erfahren.
- Unterschiedliche Perspektiven zu verstehen und zu hinterfragen.
- Deine eigene Meinung zu entwickeln – frei von Vorurteilen.

Du bist Gestalter deiner Erkenntnisse. Und wer weiß? Vielleicht entdeckst du dabei Antworten auf Fragen, die du dir noch gar nicht gestellt hast.

Unsere Gedanken sind frei – lass uns beginnen!

Los geht's!

Die Einladung

Der folgende Abschnitt I dient deiner Erforschung
der Seiten 7-17

von   Afsaneh ~ eine von allen

Die Einladung 7
Der Dichter Rumi   16

Die nächsten Seiten lassen dich folgende Themen vertiefen:

1. Die Einladung - zu Abschnitt I .... **Seite 7-17**

A. Der Brief: Einführung und interkulturelle Reflexion   8

B. Woman – Life – Freedom: Eine globale Bewegung   12

C. Der Iran und die Vereinten Nationen   16

D. Rumi – Der persische Dichter und Philosoph   20

Meine geliebte Schwester,

lange schon erhellt nicht mehr das gleiche Feuer unser Antlitz. Ich vermisse Deine leuchtenden Augen, lauschten wir den Geschichten der Älteren, und Dein Lachen, das so wundervoll meine Sinne erweckte.

Höre ich am frühen Morgen die Vögel, die mit ihrem Zirpen und frohlockenden Gezwitscher sich für den neuen Tag erwecken, erfüllt mich deren unbändige Lebenslust. Ich erinnere mich, wie wir die Arme von uns streckten und wild umeinanderliefen. Beseelt von der Vorstellung, wären wir nur leicht genug, könnten wir fliegen wie die Vögel, frei so unendlich frei. Die Welt war unser Zuhause. Wir kannten keine Grenzen, keine Interessen oder Gebote, nur die Liebe unserer Mutter und ihr manchmal ungnädiger Blick ließ uns innehalten, waren wir zu wild.

In dem Moment, da wir unsere eigenen Kinder auf dem Arm hielten, die wir lieben und beschützen wollen, ist die Leichtigkeit dieser Tage vorbei.

So wie unsere Mutter voller Erstaunen das erste Mal in unsere Augen blickte. Voller Neugier, was wir in ihr Leben bringen mögen. Sie wusste, dass wir nicht so sein würden wie unsere Geschwister, dass uns ein anderes Schicksal bestimmt war. Dass jedes Kind seine eigene Melodie und seine ganz eigene Reise durch das Leben findet. Alles, was wir geben können, ist die liebevolle Ermutigung zu guten Gedanken, guten Worten und gutem Handeln.

Keine von uns hat die Stunden der Geburt durchgehalten, um dieses Leben an irgendeinen Krieg zu verlieren, nicht den Hass unter Geschwistern, nicht den Kampf der Männer, nicht den Interessen von Macht. Im Namen der Liebe zu kämpfen, erfordert ganz andere Mittel als die, die uns Andere glauben aufzwingen zu wollen!

Wir sind einander fremd geworden, doch unsere Herzen und Gefühle dürfen nicht erkalten.

Mir ist nicht wichtig, ob ein Schoß uns geboren hat oder wir im Blut miteinander verwandt sind. Dieses Buch wird getragen von den Erfahrungen tausender Frauen.

Frauen, die wie ich drohten, entwurzelt zu werden, und erst unter Tränen ihren Platz im Leben finden mussten! Heimat ~ lass mich Dir das sagen ~ kennen nur diejenigen in der Ferne, alle anderen sind einfach zu Hause! Heute ist mein Zuhause Deutschland, aber mit meinem Herzen bin ich ein Leben lang Perserin, die ihre Heimat schmerzlich vermisst.

„Na, da bist Du aber froh, jetzt hier zu sein …", ist mit Abstand die gefühlloseste Frage, die man mir stellen kann. Darum will ich, dass Du alles über mich erfährst und Dich in meiner Geschichte selbst erkennen kannst!

Deine Afsaneh

- Was bezweckt die Einleitung der Lektüre mit einem Brief?
- Wer ist Absender, wer ist Empfänger?
- Was ist dein erster Eindruck, wenn du Afsanehs Brief liest?
- Welche Stellen oder Sätze sprechen dich besonders an?

Markiere im Text!

Kulturelle Brücke:

• Welche Gemeinsamkeiten oder Unterschiede zwischen Afsanehs Welt und deiner eigenen fallen dir auf?

Zitate und Metaphern entschlüsseln:

• Was bedeuten die gewählten Bilder oder Sprüche im Brief?

• Warum hat Afsaneh diese Worte gewählt?

Eigenreflexion:

• Welche Gedanken oder Fragen sind bei dir durch den Brief entstanden?

Schreibe separat.

Aufgaben:

1. Laut vorlesen:

• Lest Afsanehs Brief laut in kleinen Gruppen vor.

• Überlegt gemeinsam: Welche Stellen sollte man besonders betonen? Warum?

2. Sprachnachricht erstellen:

• Stellt euch vor, ihr müsstet Afsanehs Brief als Sprachnachricht oder Audio aufnehmen.

• Sprecht den Text so ein, dass die Hörer die Emotionen hinter Afsanehs Worten spüren können.

3. Gedanken im Brief:

• Welche Gedanken oder Wörter im Brief findet ihr besonders wichtig?

• Glaubt ihr, diese Gedanken sind für euer Leben noch genauso relevant wie zu Afsanehs Zeit?

Wortspeicher

• Suche nach Wörtern, die du im Brief nicht kennst.

• Ergänze diese Wörter in deinem Wortspeicher.

• Schreibe dir die Bedeutungen dazu und überlege: Welche Worte davon könntest du in deinem Alltag nutzen?

B) *Woman - Life - Freedom*

Reflexion:
• Was verstehst du unter den drei
Worten *Woman - Life - Freedom*?

_____

_____

_____

_____

_____

_____

_____

_____

_____

_____

_____

_____

_____

_____

• Denke an deine eigene Umgebung: Welche Rechte oder Freiheiten
empfindest du als selbstverständlich, die für andere nicht
selbstverständlich sind?

Schreibe separat.

Hintergrund recherchieren:

- Woher kommt der Slogan *Woman - Life - Freedom*?
- Wer hat ihn geprägt und warum?
- Welche Menschen engagieren sich dafür,
und was möchten sie erreichen?

_____

_____

_____

_____

_____

- Was könnten diese Worte für Menschen bedeuten, die unter
schwierigen politischen oder gesellschaftlichen Umständen leben?

_____

_____

_____

_____

- Warum ist dieser Slogan nicht nur für Frauen,
sondern auch für Männer und Kinder wichtig?

_____

_____

_____

_____

B) *Woman - Life - Freedom:* Eine globale Bewegung

• Welche Verbindung kannst du zwischen dem Ringen um Freiheit und Gleichheit in anderen Teilen der Welt erkennen?

_____

_____

_____

_____

_____

_____

_____

_____

• Was bedeutet für dich die Forderung:

„Keep state out of women's lives!"?

_____

_____

_____

_____

Aufgaben:

1. Recherche im Internet:

• Sucht nach aktuellen Artikeln, Videos oder Berichten zu der Bewegung *Woman - Life - Freedom*.

• Präsentiert drei wichtige Punkte, die euch überrascht oder beeindruckt haben. Und beschreibt warum?

2. Diskussion in der Gruppe:

• Tauscht euch in kleinen Gruppen aus.

• Besprecht: Warum engagieren sich nicht nur Frauen für diese Bewegung?

3. Kreativaufgabe:

• Würdet ihr selbst ein Plakat oder eine Social-Media-Nachricht, gestalten, um andere einzuladen, sich mit *Woman - Life - Freedom* auseinanderzusetzen: Wie könnt ihr eure Botschaft kurz und verständlich formulieren?

Wortspeicher

• Notiert Wörter oder Begriffe, die ihr während eurer Recherche nicht verstanden habt, und ergänzt diese im Wortspeicher.

• Schreibt die Bedeutungen auf und diskutiert: Warum sind diese Begriffe wichtig für das Verständnis der Bewegung?

☐
☐
☐
☐
☐
☐
☐
☐

C) Der Iran und die Vereinten Nationen

Reflexion:

• Wusstest du, dass
der Iran eines der
Gründungsmitglieder der
Vereinten Nationen (UN)
war?

• Was bedeutet es für ein Land, Teil der Gründung einer
Organisation zu sein, die weltweit für Frieden und
Zusammenarbeit steht?

Hintergrund recherchieren:
• Wann wurden die Vereinten Nationen gegründet, und warum?
• Welche Rolle spielte der Iran bei der Gründung der UN?

• Nach dem Zweiten Weltkrieg blieben sowjetische Truppen
länger als vereinbart im Iran. Der Iran brachte dieses Problem vor
den UN-Sicherheitsrat. Welche Resolutionen wurden in diesem
Zusammenhang verabschiedet?

 • Warum waren diese Resolutionen damals wichtig, und welche
Bedeutung könnten sie heute noch haben?

- Gibt es heute ähnliche Themen, die du als wichtig für die UN-Arbeit empfindest?

Schreibe separat.

Kulturelle Brücke:

- Welche Verbindungen kannst du zwischen der Arbeit der UN und den Werten *Woman – Life – Freedom* aus Punkt B erkennen?

- Was zeigt uns die aktive Rolle des Iran bei der Gründung der UN über seine damalige Position in der Weltgemeinschaft?

Eigenreflexion:

 • Denke darüber nach: Wie kann ein einzelnes Land durch die Vereinten Nationen zur Lösung globaler Probleme beitragen?

• Überlegt und sammelt eure Ideen: Welche Themen würdet ihr in die UN einbringen, wenn ihr ein Land vertreten würdet?

Aufgaben:

1. Diskussion in Gruppen:
- Tauscht euch in kleinen Gruppen aus.
- Besprecht: Warum ist es wichtig, dass Länder wie der Iran sich aktiv an internationalen Organisationen beteiligen?
- Überlegt gemeinsam: Was könnten die Herausforderungen für ein Land wie den Iran sein, in der UN gehört zu werden?

2. Kreativaufgabe:
- Stellt euch vor, ihr seid Delegierte des Iran im Jahr 1946. Entwerft eine Rede, in der ihr erklärt, warum der Abzug der sowjetischen Truppen wichtig ist.
- Ihr könnt die Rede in der Gruppe vortragen oder als Text verfassen.

Wortspeicher
- Notiert Wörter oder Begriffe, die ihr während eurer Recherche nicht verstanden habt, und ergänzt diese im Wortspeicher.
- Schreibt die Bedeutungen auf und diskutiert: Wie diese Begriffe in Bezug zur UN und zum Iran stehen?

☐
☐
☐
☐
☐
☐
☐
☐

D) Rumi - Der persische Dichter und Philosoph

- Wie bekannt war dir Rumi vor der Lektüre von *Afsaneh*?
- Welche seiner Verse kanntest du?

- Wer war Rumi?
Was findest du über ihn?
- Warum ist Rumi, ein Dichter des 13. Jahrhunderts, heute noch weltweit bekannt und geschätzt?
- Gibt es moderne Künstler oder Persönlichkeiten, die sich von ihm inspirieren lassen?

- Rumi sprach über universelle Werte wie Liebe, Geduld und inneres Wachstum. Passt sein berühmtes Zitat *„Jenseits von richtig und falsch liegt ein Ort. Dort treffen wir uns."* auch in die heutige Zeit?

Eigenreflexion:

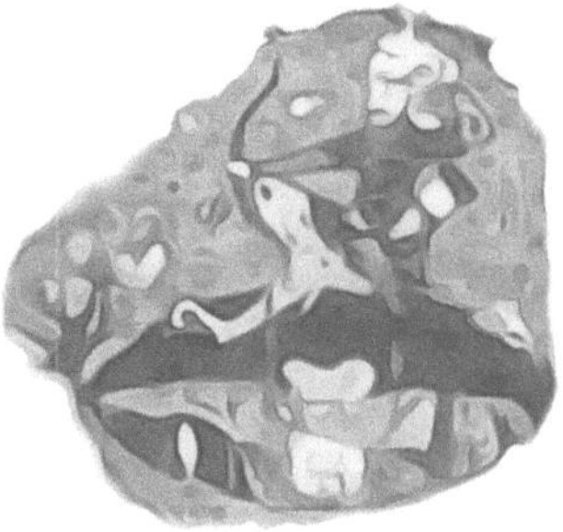

• Rumi musste aus der Stadt, in der er lebte, fliehen? Wer hätte ihm Schutz gewähren können?

_____

_____

_____

_____

_____

_____

_____

_____

_____

• Welche Erfahrung deines Lebens würdest du Rumi gerne erzählen?

_____

_____

_____

_____

_____

_____

_____

_____

_____

_____

_____

 • Wäre Rumi ein Mitstreiter für die Bewegung *Woman - Life - Freedom*? Diskutiert warum?

• Welche seiner Gedanken passen zu dem, was wir in den vorherigen Kapiteln über *Woman – Life – Freedom* gelernt haben?

Dein
Lieblings - Vers

Aufgaben:

1. Laut lesen und diskutieren:
• Lest Rumi-Zitate aus der Lektüre laut vor und besprecht in der Klasse, was sie bedeuten könnten.
• Welche Botschaften sprechen euch besonders an? Warum?

2. Kreativaufgabe:
• Schreibt ein kurzes Gedicht oder eine Reflexion zu einem der Zitate von Rumi. Gerne auch zu einem Vers, den ihr im Internet findet.
• Wie könnte Rumi einen modernen Konflikt beschreiben? Formuliert eine kurze Botschaft im Stil Rumis.

• Warum sind seine Botschaften über Liebe und Menschlichkeit auch heute noch aktuell?

Schreibe separat.

Wortspeicher
• Sammelt unbekannte Begriffe, die ihr in den Zitaten oder der Hintergrundgeschichte von Rumi gefunden habt.
• Ergänzt diese in eurem Wortspeicher und fügt die Bedeutungen hinzu!

☐
☐
☐
☐
☐
☐

Meine
Notizen

Der folgende Abschnitt II dient deiner Erforschung
der Seiten 18-27

von   Afsaneh - eine von allen

Meine Notizen 18
Iran - weißer Flecken auf der Landkarte?   26

Die nächsten Seiten lassen dich folgende Themen vertiefen:

2. Meine Notizen - zu Abschnitt II .... **Seite 18-27**

A. Als Teenager im Faschismus: Verantwortung und Mitgefühl 26

B. Grenzen: Stadtgesellschaften und Nationen   30

C. Die Macht der Sprache: Worte formen Welten   34

D. Reichtum durch nachhaltige Bewirtschaftung   36

Als wehrhaftes, blondes Mädchen habe ich mich schon früh der Frage gestellt, welche Saiten die Nazis in mir zum Klingen gebracht hätten, wäre mein Geburtsjahrgang 1927 und nicht 1972 gewesen?

Nicht ganz freiwillig, wie mir beim Niederschreiben dieser Notizen wieder einfiel: In unserem Gymnasium hatten wir eine Wanderausstellung zur Vernichtung in den Konzentrationslagern zwischen 1936-1945. Angesichts der vielen Fotos verstümmelter und verscharrter Leiber der Getöteten konnte ich meine Tränen nicht zurückhalten. Da entgegnete mir ein dicklicher, dunkelhaariger Mitschüler: „Was heulst Du denn? Du mit Deinen blauen Augen hättest selbst unter den Nazis nichts zu befürchten gehabt!"

Mit seinen Worten, in denen so viel Erkenntnis wie Angst steckten, machte er sich über mein Mitgefühl lustig. Worte, die mich zutiefst getroffen hatten. Weder mein Geburtsland noch mein Zeitalter oder meine Erscheinung habe ich mir ausgesucht.

Hätte ich als 12-Jährige in dieser furchtbaren Zeit Macht gehabt? Wie stellt man Schurken, die das eigene Wohl als Wohl des Volkes, den eigenen Profit als Aufschwung ausgeben? Die Nation beschwören, obwohl ihnen das Leben und die Freiheit ihrer Landsleute einerlei ist? Wie ist mit der Verantwortung, nicht in den Fokus von Verfolgung oder Benachteiligung zu geraten, umzugehen? Wie der *Gunst der Stunde* - sich über andere Menschen erheben zu können - zu widerstehen ist, beschäftigt Menschen auf der ganzen Welt.

2. Meine Notizen - zu Abschnitt II .... Seite 18-27

- Was könnte es bedeuten, als Teenager im Nationalsozialismus aufzuwachsen?
- Wie hätte man sich in einer Zeit verhalten, in der Mitläufertum und Widerstand lebensentscheidend waren?

- Ist mangelndes Wissen eine Entschuldigung für Taten oder Untätigkeit?

Schreibe separat.

- **Kann man Jugendliche für ihre Entscheidungen in totalitären Regimen verantwortlich machen?**

PRO	CONTRA

- Was würde heute helfen, dass junge Menschen nicht denselben Fehlern erliegen?

Aufgaben:

1. Diskussion in Gruppen:
• Tauscht euch darüber aus, wie ihr euch in einer solchen Situation gefühlt hättet.
• Welche Entscheidungen hättet ihr als 15-Jährige getroffen? Diskutiert ehrlich und begründet eure Ansichten?

2. Kreativaufgabe:
• Schreibt einen Tagebucheintrag aus der Perspektive eines 15-jährigen Jugendlichen im Jahr 1942.
• Denkt dabei an Alltag, Ängste und mögliche Entscheidungen.

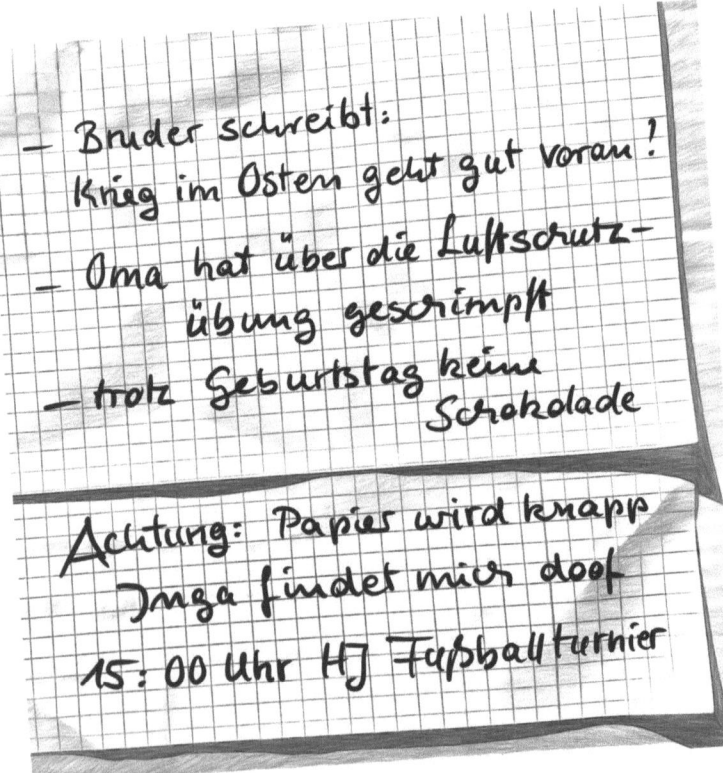

A) Als Teenager im Faschismus

Hintergrund recherchieren:

- **Vergleich mit anderen Diktaturen:** Recherchiert Beispiele aus anderen Ländern und Zeiten, in denen Jugendliche mit faschistischen Systemen konfrontiert waren.

- **Parallelen und Unterschiede:** Wie ähnlich oder unterschiedlich waren diese Erfahrungen im Vergleich zu Nazi-Deutschland?

„Wäre mein Geburtsjahrgang 1927 und nicht 1972 gewesen..."

- Welche Gedanken löst diese Überlegung bei euch aus? Begründet, warum es wichtig ist, diese Vergangenheit immer wieder zu reflektieren.

_____

_____

_____*Schreibe separat.*

> **Wortspeicher**
> - Notiert Begriffe wie: Faschismus, Mitläufertum, Widerstand, Propaganda, Verantwortung.
> - Ergänzt weitere Begriffe, die ihr bei der Recherche findet und erklärt sie gemeinsam im Wortspeicher.

☐
☐
☐
☐
☐
☐
☐
☐

B) Grenzen: Stadtgesellschaften und Nationen

• Was bedeuten Grenzen in deinem Leben – physisch, sozial, emotional und kulturell?

• Warum ziehen Menschen Grenzen, und was passiert, wenn diese Grenzen sich verschieben?

• Sind Grenzen Schutz oder Hindernis?

Schreibe separat.

• Sind Grenzen immer etwas Festes, oder können sie auch unsichtbar und fließend sein?
• Was passiert, wenn Grenzen nicht respektiert werden – für Individuen und für Gesellschaften?

FÜR DEN EINZELNEN	FÜR DIE GEMEINSCHAFT

Hintergrund recherchieren:

• Wie unterscheiden sich Stadtgesellschaften im Mittelalter von heutigen Nationalstaaten?
• Recherchiert Beispiele von Grenzziehungen in der Geschichte, z. B. Stadtmauern, Kolonialgrenzen oder die Berliner Mauer.
• Analysiert die Aussage: „Grenzen erleichtern es, verbindliche Rechtssysteme zu schaffen."

• Seit wann gibt es Nationalstaaten?

Schreibe separat.

Aufgaben:

1. Diskussion in Gruppen:
• Wie können Grenzen Menschen verbinden oder trennen?
• Erhebt ein Stimmungsbild in der gesamten Klasse: Sind Grenzen mehr Schutz oder Hindernis?

2. Kreativaufgabe:
• Malt eine Karte eurer idealen Stadt.
• Denkt dabei an Stadtteile, Gemeinschaftsorte und Grenzen. Sollen diese offen oder geschlossen sein?
• Stellt euch vor, zur Abwehr einer Gefahr (z. B. Hochwasser, Ausbreitung einer Pandemie) müsstet ihr Stadtteile abgrenzen. Wie würdet ihr vorgehen?

Maßnahmen und Methoden festhalten:

• Welche Sicherheitsmaßnahmen waren für euch konsensfähig:

• Welche Menschen bräuchtet ihr, um die Sicherheit einer Stadt, in der viele Menschen leben, gewährleisten zu können?

B) Grenzen: Stadtgesellschaften und Nationen

Eigenreflexion:

• Gibt es Grenzen in deinem Leben, die nicht sichtbar sind, aber trotzdem Einfluss auf dich haben?

Wortspeicher

• Notiert Begriffe wie: Stadtgesellschaft, Nation, Grenze, Rechtssystem, Verbindung, Trennung.

 • Ergänzt weitere Begriffe und notiert Beispiele für historische oder kulturelle Grenzen.

C) Die Macht der Sprache: Worte formen Welten

„Du Frau!" war ein liebevoll gemeintes Spottwort in meiner Jugend unter uns Mädchen, als wir mit den ersten Menstruationsbeschwerden kämpften. Es war eine Persiflage unsererseits mit Geschlechterzuschreibungen umzugehen, von denen wir uns nicht mehr betroffen glaubten. Feminismus war gestern, uns stand doch die Welt offen, dachten wir.

 Sprache hat Macht. Sie kann trösten, motivieren und verbinden, aber auch ausgrenzen, entmenschlichen und unterdrücken.
• Wie prägt Sprache unser Denken und Handeln?

• Schreibe einen Satz aus mutigen Worten, der dich motiviert, gerne für deine Überzeugungen einzustehen.

Schreibe separat.

 **1. Diskussion in Gruppen:**
• Findet Beispiele, in denen Sprache in eurem Alltag oder den Medien Menschen aufwertet oder abwertet.
• Wie prägt Sprache unser Denken und Handeln?
• Warum wird Sprache oft gezielt genutzt, um bestimmte Gruppen zu diskriminieren?

2. Kreativaufgabe:
• Gestaltet eine „frohe Botschaft", die alle Menschen hören sollen.
• Was würdet ihr sagen? Warum?
• Schreibt diese Botschaft auf ein großes Poster, und gestaltet es gemeinsam.

Hintergrund recherchieren:

- Wie reagiert der iranische Staat 2024 auf junge Frauen, die sich weigern das Kopftuch zu tragen?
- Was macht die Wortwahl „psychisch krank" mit den Menschen, mit der Gesellschaft und mit der betroffenen Person, die das hört?

Eigenreflexion:

- Welche Worte auf dem Schulhof lassen dich von Mitschülern Abstand halten?

Wortspeicher
- Notiert Wörter, die in der Diskussion wichtig werden: Empathie, Widerstand, Diskriminierung, Stigmatisierung, Feminismus.
  - Ergänzt weitere Begriffe im Wortspeicher.

☐
☐
☐
☐
☐
☐
☐
☐

D) Reichtum durch nachhaltige Bewirtschaftung

Wie der Iran über Jahrtausende Menschen ernährte

Hintergrund recherchieren:

- Recherchiert die Bedeutung des Iran in der Geschichte der Landwirtschaft. Welche Innovationen wie die Qanate oder Bewässerungssysteme wurden dort zu welcher Zeit entwickelt?
- Findet heraus, wie sich diese Technologien auf die Lebensqualität der Menschen auswirkten und warum sie als nachhaltig gelten.

- Untersucht, wie verschiedene Bevölkerungsgruppen – von Nomaden bis zu Stadtbewohnern – vom Reichtum der Region profitierten.
- Was hat die Forschung der Anthropologie und Altiranistik über die Lebensweise und Anpassungsfähigkeit der Menschen in dieser Region herausgefunden?

1. Diskussion in Gruppen:
- Warum ist es auch heute noch wichtig, Ressourcen nachhaltig zu nutzen?
- Vergleicht die alten Technologien des Iran mit modernen Ansätzen zur Ressourcennutzung und überlegt, was wir heute von den alten Kulturen lernen können.

2. Kreativaufgabe:
- Gestaltet eine Karte, die zeigt, wie der Iran als Zentrum nachhaltiger Bewirtschaftung funktionierte. Markiert wichtige Ressourcen wie Wasser, fruchtbare Ebenen und Handelswege.

Eigenreflexion:

• Welche Maßnahmen erlauben das friedliche Zusammenleben sehr vieler Menschen?

Beschreibe inwiefern der Iran für dich lebenswert sein könnte, gemessen an dem, was du über seine geografische Lage, sein Klima und die kluge Nutzung natürlicher Ressourcen in den vergangenen Jahrhunderten gelernt hast:

Wortspeicher

• Ergänzt die Begriffe Nachhaltigkeit, Qanate, Anthropologie, Altiranistik, Bewässerungssysteme und weitere wichtige Wörter.

• Diskutiert ihre Bedeutung und fügt sie dem Wortspeicher hinzu.

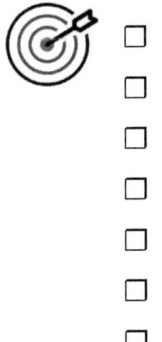

Unsere
Erzählung

Der folgende Abschnitt III-IV dient deiner Erforschung der Seiten 28-75

von   Afsaneh - eine von allen

Unsere Erzählung 28
Armee des Wissens   31
Lieblingsmärchen   37
Influencer   56
Macht in Persien   60

Die nächsten Seiten lassen dich folgende Themen vertiefen:

3. Unsere Erzählung - zu Abschnitt III-IV .... Seite 28-75

A. Die Armee des Wissens: Revolution durch Bildung   40

B. Märchen - Geschichten auf Reisen   42

C. Farah Diba: Zwischen harter Arbeit und Repräsentation 46

D. „Unriddle the Comic": Macht und Intrigen   48

E. Der Aufbruch aus der DDR: Eine „friedliche Revolution"? 52

Afsaneh: *Wusstest Du, dass das iranische Parlament 1963 ein Gesetz zum Aufbau der „Armee des Wissens" verabschiedete, die 1972 von der UNESCO mit dem Bildungspreis ausgezeichnet wurde?*

Hintergrund recherchieren:

- Sucht heraus, was die „Armee des Wissens" war. Wie funktionierte sie, und was waren ihre Ziele?
- Welche Rolle spielten junge Lehrer und Lehrkräfte, die in ländliche Regionen geschickt wurden?

- Wenn Bildung ein Menschenrecht ist, welche Verantwortung hat ein Staat, dieses Recht umzusetzen?

Schreibe separat.

1. Diskutiert:
- Warum hat der Schah Bildung als Teil seiner „Weißen Revolution" so stark gefördert?
- Vergleicht die „Armee des Wissens" mit modernen Bildungsinitiativen in strukturschwachen Ländern. Was sind die Gemeinsamkeiten und Unterschiede?

2. Kreativaufgabe:
- Stellt euch vor, ihr seid Teil der „Armee des Wissens" und schreibt einen Brief nach Hause, in dem ihr euren Alltag in einem abgelegenen Dorf beschreibt. Was sind die Herausforderungen und Erfolge eurer Arbeit?

3. Unsere Erzählung - zu Abschnitt III-IV ..... Seite 28-75

Eigenreflexion:

- Warum erschwert fehlende Bildung die gesellschaftliche Entwicklung und den Zusammenhalt der Menschen im Staat?

Wortspeicher

- Ergänzt Begriffe wie Alphabetisierung, Armee des Wissens, Recht auf Bildung, Menschenrecht und Chancengleichheit.
- Diskutiert ihre Bedeutung und fügt sie dem Wortspeicher hinzu.

☐
☐
☐
☐
☐
☐
☐
☐

B) Märchen - Geschichten auf Reisen

Einem König ward ein Mädchen geboren und es war das schönste Kind, das er je gesehen hatte. Da warnte ein reisender Derwisch ihn, es würde eines Tages den Sohn seines Erzfeindes heiraten.
Viele Nächte konnte der König nicht schlafen, da landete auf seinem Balkon ein mächtiger Phoenix.
„Was grämst Du Dich, weiser König", sprach der Vogel von schillerndem Gefieder, „ist Dir nicht das schönste Mädchen geboren worden, dass Du je gesehen hast?"
Dem Phoenix konnte der König vertrauen und so gestand er ihm, dass ihn die Sorge quäle, das Mädchen würde verdorben.
Geblendet von dem strahlenden Gefieder des Zaubervogels bat der König: „Ach Phoenix, wenn so ein mächtiges Wesen wie Du meine Tochter beschützen würde, dann kann ihr nichts Schlimmes widerfahren."
Der Vogel versprach dem König, immer gut auf das Kind aufzupassen und nahm es mit zu sich.

 • Wie wäre das Märchen ausgegangen, wenn du es erzählt hättest?

Hintergrund recherchieren:

- Findet heraus, welche Märchen in Deutschland als „typisch deutsch" gelten, aber in Wirklichkeit auf Geschichten aus anderen Kulturen zurückgehen?
- Recherchiert, wie Märchen durch mündliche Erzählung oder Schriftensammlungen, wie die der Brüder Grimm, verändert wurden.
- Welche Ursprünge hatten sie?

Reflexion:

- Welche Gemeinsamkeiten gibt es zwischen Märchen aus verschiedenen Teilen der Welt?

- Warum erzählen Menschen Geschichten, und wie helfen diese, Kulturen zu verbinden?

 Viele Märchen, die als national angesehen werden, basieren oft auf Geschichten aus anderen Kulturen.

• Vergleicht ein Märchen aus Europa mit einem Märchen aus dem Iran. Welche Themen, Figuren oder Motive wiederholen sich?

• Welche Erschwernisse und Werte sind ähnlich gewählt (z. B. Habgier, Arglist, Suche nach Gerechtigkeit, Überlisten eines mächtigen Gegners)?

1. Diskutiert:

• Warum sind Märchen ein wichtiger Teil der kulturellen Identität und wie lassen sie uns über Gemeinsamkeiten zwischen Kulturen nachdenken?

• Überlegt, wie Märchen zur gegenseitigen Verständigung beitragen können.

2. Kreativaufgabe:

• Bittet eure Lehrkraft, Karten oder Zeitleisten zu nutzen, um euch die Reise von Märchen darzustellen. Sucht euch ein Märchen aus und malt seinen Verbreitungsweg über eine Weltkarte.

Kulturelle Brücke:

• Wählt eine bekannte Geschichte aus eurer Region oder Kultur. Stellt euch vor, sie wird auf einer Reise in ein anderes Land erzählt. Wie könnte sie sich verändern, um in der neuen Kultur verstanden oder geschätzt zu werden?

Wortspeicher

• Ihr könnt Begriffe wie Märchenforschung, kulturelle Brücke, Motive, mündliche Überlieferung, Adaptionen mit aufnehmen.

☐
☐
☐
☐
☐
☐

C) Farah Diba:
Zwischen harter Arbeit und Repräsentation

- Inwiefern könnte eine Influencerin wie Farah Diba den Blick auf den Iran und seine Kultur damals wie heute verändern?

Hintergrund recherchieren:

- Sucht Informationen über Farah Dibas Engagement für Bildung, Kunst und Frauenrechte.
Beispiele: Ihr Einsatz für das Teheraner Museum für zeitgenössische Kunst oder ihre Rolle bei der Eröffnung der internationalen UN-Frauenkonferenz 1965.

- Seid kreativ: Überlegt, wie Farah Diba in der heutigen digitalen Welt auf Plattformen wie Instagram oder TikTok auftreten könnte.

Schreibe separat.

Reflexion:

• Welche Eigenschaften erwarten Menschen von einer modernen Monarchin? Wie unterscheidet sich dieses Bild von einer traditionellen Märchenprinzessin?

• Wie hat Farah Diba ihre Position genutzt, um den Iran auf internationaler Bühne zu repräsentieren und gesellschaftliche Impulse zu setzen?

1. Erster Eindruck:
• Betrachtet Farah Diba im Kontext einer konstitutionellen Monarchie. Was macht ihre Rolle vergleichbar mit Monarchen in europäischen Staaten wie Großbritannien oder den Niederlanden?

2. Diskutiert:
• Warum könnte man sie als Influencerin ihrer Zeit bezeichnen?
• Inwiefern könnte sie als Vorbild für andere gelten?

Panel text (top):
DERWEIL KOLONIALMÄCHTE DIE GANZE WELT AUFTEILEN:

Avantgarde, Freunde!

DIE GANZE WELT ...?! NEIN! PERSIEN ERNTET DIE FRÜCHTE DES DAR AL-FONUN*:

Fast friedliche, Neuordnung dank Parlament! Nimm das Welt!

AHMAD, 12 JAHRE SCHAH-ANWÄRTER

* HAUS DES WISSENS, GEGRÜNDET VON AMIR KABIR, 1851

WIE IM MÄRCHEN?! BETTELKNABE STATT PRINZ ... ANNO 1925:

Reza Khan* Pahlavi wird neuer Schah!

*DER LANGJÄHRIGE VERTEIDIGUNGSMINISTER DURFTE NICHT PRÄSIDENT WERDEN

* EX- FINANZMINISTER

Ohne mich!*

Mohammad Mossadegh (1920)

Seiner ererbten Privilegien beraubt, geht Mohammad von Paris in die Schweiz & promoviert über Erbrecht!

ZURÜCK IN TEHERAN: ... schreibt Mohammad 1952 als Premierminister dem Parlament ...

Zu viele tote Politiker ?!

Merke:
Politische Polizei braucht das Land
- Unschuld? - weg,
- Reformgegner - weg,
- Gegner der Regierung auch mit Gewalt stoppen

Die Geschichte der Polizei im Iran reicht weit zurück

Ich jetzt?

NEIN!

Wir jetzt?

... und wenn Du nicht gestorben bist, lies den Rest im Internet!

Hintergrund recherchieren:

- Wer war Mohammad Mossadegh, und warum ist er eine so zentrale Figur in der Geschichte des Iran?

D) „Unriddle the Comic"

- Welche Verbindungen könnt ihr zwischen dem Comic und der Geschichte des Iran herstellen?

  Wer ist Isnogud, und was sind seine Ziele?

_____

_____

_____

_____

_____

_____

_____

_____

Reflexion:

- Warum könnte die Autorin diese Comicfigur ausgewählt haben, um das Thema der Macht im Iran zu illustrieren? Was sagt das über das Verhältnis von Geschichte und Satire aus?

_____

_____

_____

_____

_____

_____

- Kann Satire wie in diesem Comic helfen, schwierige Themen wie Machtmissbrauch oder politische Intrigen zu verstehen? Warum oder warum nicht?

Diskutiert:

• Welche Parallelen gibt es zwischen Isnoguds Verhalten und den Mechanismen von Macht und Intrige in der Realität?

• Warum heißt es im Comic „Bettelknabe statt Prinz ...“? Wer war Reza Kahn Pahlavi bevor er vom Parlament zum Schah ernannt wurde?

• Wie entstehen politische Narrative und warum sind sie so mächtig?

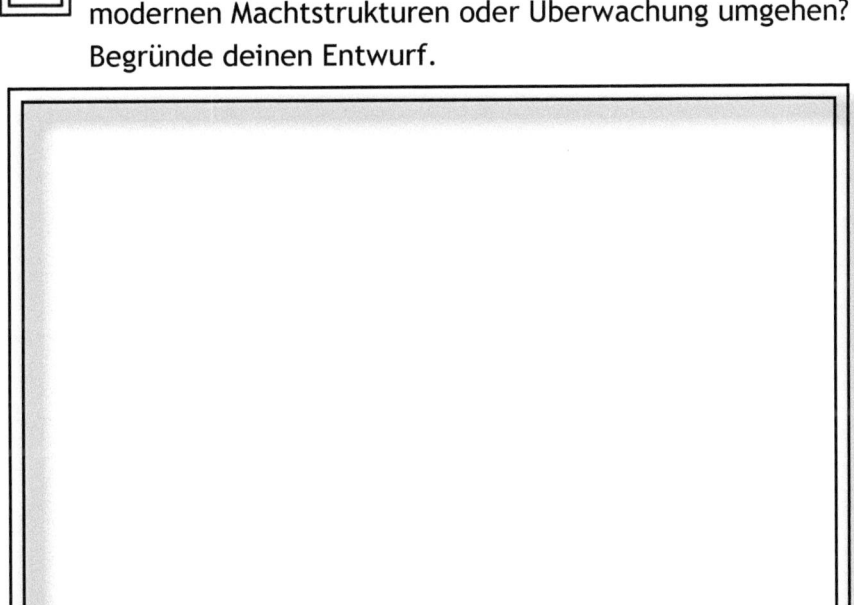

• Malt ein zusätzliches Panel für den Comic: Was könnte Isnogud in der heutigen Zeit erleben? Wie würde er mit modernen Machtstrukturen oder Überwachung umgehen? Begründe deinen Entwurf.

Wortspeicher

• Füttert den Wortspeicher mit Satire, Intrige, Politiker und Doppelmoral weiter auf.

E) Der Aufbruch aus der DDR

Eine „friedliche Revolution"?

• Was bedeutet das Wort „Revolution"?
Passt dieser Begriff für die Ereignisse
in der DDR? Gibt es Alternativen, die
den Aufbruch besser beschreiben?

• Welche Gemeinsamkeiten gibt es zwischen den
Herausforderungen in der DDR und anderen politischen
Umbrüchen, etwa im Iran oder in anderen Ländern, die eine
gesellschaftliche Transformation erlebten?

Hintergrund recherchieren:

• Recherchiert die „Montagsdemonstrationen" in Leipzig und
anderen Städten der DDR. Wie haben die Menschen es geschafft,
trotz Angst und Überwachung ihre Stimme zu erheben?
• Welche Rolle spielten Bürgerbewegungen, die Kirche oder
andere unabhängige Gruppen in diesem Prozess?

1. Diskutiert:

• Welchen Einfluss hatte die UN Resolution 39/11 von 1984, die sich gegen unmenschliche Grenzpraktiken richtete, auf die Protestbewegung in der DDR? Inwiefern lassen sich die Strategien und Vorgehensweisen der DDR-Bürger mit denen der Anti-Apartheid-Bewegung in Südafrika vergleichen? Oder nicht?

2. Kreativaufgabe:

• Schreibt eine fiktive Zeitungsreportage über eine Montagsdemonstration aus der Perspektive einer Teilnehmerin oder eines Teilnehmers. Achtet darauf, Gefühle und Gedanken der Menschen einzufangen.

• Alternativ: Stellt euch vor, ihr arbeitet für einen Radiosender, der 1989 live von der Berliner Mauer berichtet. Verfasst einen kurzen Audiobeitrag.

• War die Bewegung in der DDR wirklich „friedlich"? Wo zeigt sich, dass Gewalt und Unterdrückung die Menschen zuvor geprägt haben?

Schreibe separat.

• Was können wir heute von der friedlichen Bewegung in der DDR lernen? Inwiefern zeigt sie, dass gesellschaftliche Veränderungen auch ohne Gewalt möglich sind?

Wortspeicher

• Nehmt auf: Montagsdemonstration, Stasi, Opposition, Wiedervereinigung, Aufbruch. Diskutiert auch Slogans aus der Zeit, wie „Wir sind das Volk" und ordnet sie ein.

Afsaneh
eine von allen

Dieses letzte Kapitel dient deiner Erforschung der Gesamtstruktur

von **Afsaneh - eine von allen**

Die nächsten Seiten lassen dich folgende Themen vertiefen:

4. Afsaneh - eine von allen .... **gesamte Lektüre**

A. Die bewusste Wahl unterschiedlicher Textsorten   56

B. Die Perspektive Afsanehs: Eine universelle Geschichte?   58

C. Werte und Botschaften der Lektüre   60

D. Visionen für die Zukunft - Der Iran und die Welt   62

Eigenreflexion:

 • Welche unterschiedlichen Textsorten hast du in der Lektüre entdeckt (z. B. Brief, Dialog, Comic, Reflexion)?

• Warum könnten diese Formen bewusst gewählt worden sein?
• Wie beeinflussen die Textsorten dein Leseerlebnis und dein Verständnis der Themen?

Schreibe separat.

A) Die bewusste Wahl unterschiedlicher Textsorten

4. Afsaneh - eine von allen .... gesamte Lektüre

- Wählt zwei unterschiedliche Textsorten aus der Lektüre und vergleicht sie.
- Was löst jede Textsorte bei euch aus?

TEXT A	TEXT B

Kreativaufgabe:

Stellt euch vor, ihr müsst eine Botschaft aus der Lektüre in einer anderen Textsorte (z. B. ein Gedicht, eine Nachricht oder einen Monolog) erzählen.

- Wie würdet ihr das machen?

- Welche Textsorte hat euch am meisten angesprochen? Warum?

B) Die Perspektive Afsanehs
Eine universelle Geschichte?

• Welche Parallelen kannst du zwischen Afsanehs Erlebnissen und den Erfahrungen anderer Menschen in der Welt ziehen?

• Gibt es universelle Themen, die über Afsanehs sehr persönliche Geschichte hinausgehen?

Schreibe separat.

Hintergrund recherchieren:

- Welche Texte sind euch zugänglich, die weitere und andere Geschichten von Frauen aus dem Iran erzählen?
- Findet Berichte von Menschen, die heute ähnliche Erfahrungen kultureller Identität machen. Sowohl Migration als auch politischer Widerstand, was verbindet sie mit Afsanehs Geschichte?

- Schreibt einen kurzen Text aus der Sicht eines anderen Charakters oder einer anderen Person, die ihr euch im Kontext der Lektüre vorstellt (oder z. B. einer jungen Frau im heutigen Iran).

- Ist Afsanehs Geschichte einzigartig, oder könnte sie „eine von allen" sein?
- Warum?

- Welche Werte vermittelt die Lektüre?
- Welche Stilmittel werden dazu verwendet?

WERTE	STILMITTEL

C) Werte und Botschaften der Lektüre

Hintergrund recherchieren:

- Recherchiert den Begriff „Werteverlust". Welche Art der Medien veröffentlichen hierzu Berichte?
- Welche Webseiten habt ihr für die Bearbeitung von *Afsaneh - eine von allen* am häufigsten besucht?
- Wo könnt ihr für zukünftige Fragen Informationen finden?

- In welchen Kapiteln oder Texten findest du Botschaften, die sich mit Werten befassen, besonders stark?

Schreibe separat.

1. Zitate sammeln:

• Findet Zitate in der Lektüre, die für euch eine wichtige Botschaft transportieren. Diskutiert in kleinen Gruppen, warum diese Botschaft relevant ist.

2. Kreativaufgabe:

• Wählt drei Botschaften aus, die ihr in einem Poster, einer Grafik oder einem Hashtag zusammenfasst. Wie würde das aussehen?

• Welche Werte oder Botschaften aus der Lektüre würdest du als Leitgedanken für dich selbst übernehmen?

• Welche nicht, und warum?

D) Visionen für die Zukunft
Der Iran und die Welt

„Unsere Übergangsgeneration hat die Gelegenheit, innezuhalten und ihre Kapazität zur Reflexion voll auszuschöpfen, um sich mit all ihren Mitteln auf die Gestaltung der Zukunft vorzubereiten."

Maryanne Wolf, „Das lesende Gehirn", S.268

Seite 74

Die politischen Zustände im Iran sind und waren nie allein das Problem der Menschen, die die Griechen nach Ihrer Eroberung Perser nannten.

Seite 21

Reflexion:

• Maryanne Wolf beschreibt, dass Bücher uns helfen, unsere Vorstellungskraft und Empathie zu entwickeln. Was bedeutet das für eure Sicht auf den Iran und die Welt?

_____

_____

_____

_____

• Welche Wünsche hast du für die Zukunft des Iran und anderer Länder? Welche Rolle spielen dazu Toleranz, Freiheit und Bildung?

_____

_____

_____

_____

1. Vergleicht:

• Lest das Zitat von Maryanne Wolf auf Seite 74 genau durch.

• Was meint sie damit, mit der Kraft der Bücher unsere Vorstellungskraft zu erweitern?

• Wie könnte das für den Iran von Bedeutung sein?

2. Kreativaufgabe:

• Entwerft eine Wunschliste oder eine Vision für die Zukunft des Iran oder der Welt. Nutzt dabei Begriffe und Ideen aus der Lektüre wie „Toleranz", „Vielfalt" oder „Bildung".

• Glaubst du, dass Bücher und Geschichten wirklich die Macht haben, die Welt zu verändern? Warum oder warum nicht?

• Überprüfe deinen Wortspeicher. Welche Begriffe benutzt du in Zukunft häufiger?

Schreibe separat.

Wortspeicher:

Hier ist deine Checkliste:
Hier kannst du abhaken, welche Wörter dir schon vertraut sind, und dir Notizen zu denen machen, die neu oder besonders interessant für dich sind.
Ein größerer Wortschatz hilft dir nicht nur beim Lesen und Lernen, sondern auch dabei, die Welt und ihre Themen besser zu verstehen. Indem du dir die Bedeutungen bewusst machst, entwickelst du ein Gefühl dafür, wie Worte und Begriffe unser Denken und unsere Fragen über das Leben prägen.

☐ Ahimsa (Fremdwort: Gewaltlosigkeit)

☐ akzeptieren

☐ anpassen

☐ Armee des Wissens

☐ aufbrechen

☐ Aufbruch

☐ autoritär

☐ beschreiben

☐ besonders

☐ bewegen

☐ denken

☐ Demokratie

☐ Diaspora

☐ Dialog

☐ diplomatisch

☐ diskriminieren

☐ diskriminierend

☐ entdecken

☐ entfernen

- [ ] entwickeln
- [ ] Erinnerung
- [ ] erkennen
- [ ] erzählen
- [ ] Freiheit
- [ ] freundlich
- [ ] Gastfreundschaft
- [ ] gerecht
- [ ] gestalten
- [ ] grenzen (abgrenzen)
- [ ] Heimat
- [ ] helfen
- [ ] herausfordern
- [ ] identifizieren
- [ ] Identität
- [ ] individuell
- [ ] inspirierend
- [ ] iranisch
- [ ] kulturell
- [ ] Kopftuch
- [ ] kritisch
- [ ] lesen
- [ ] lernen
- [ ] Migration
- [ ] nachhaltig
- [ ] Nachhaltigkeit
- [ ] Nationalstaaten

- [ ] offen
- [ ] offenheit
- [ ] persisch
- [ ] Persische Poesie
- [ ] persönlich
- [ ] reflektieren
- [ ] Reflexion
- [ ] respektvoll
- [ ] Rumi
- [ ] schaffen
- [ ] schreiben
- [ ] solidarisch
- [ ] Solidarität
- [ ] teilen
- [ ] Toleranz
- [ ] verantwortlich
- [ ] verantwortungsvoll
- [ ] Verantwortung
- [ ] verbinden
- [ ] vergleichen
- [ ] verstehen
- [ ] vielfältig
- [ ] Vision
- [ ] wachsen
- [ ] wichtig
- [ ] zusammen
- [ ] Zukunft

☐ zukunftsorientiert

☐ zukunftsweisend

☐

☐

☐

☐

☐

☐

☐

☐

☐

☐

☐

☐

- [ ]

- [ ]

- [ ]

- [ ]

- [ ]

- [ ]

- [ ]

- [ ]

- [ ]

- [ ]

- [ ]

- [ ]

- [ ]

Tipps für die Lehrperson:

Eine spannende Zeit liegt vor Ihnen, in der Sie die Wissbegierigen auf ihrem Weg begleiten dürfen.

Durch die bewusste Auswahl der Übungen können Sie auf Ihre Lerngruppe eingehen und Neugier wie Forschergeist entfachen.

Gemeinsam den Wortschatz erweitern:

Projekt Wortspeicher

ist nicht nur ein Werkzeug zum Sammeln von Wörtern, sondern ein gemeinschaftliches Projekt, das das Lernen und den Austausch fördert.
Durch interaktive Übungen, regelmäßige Reflexion und die Integration in den Unterricht schaffen Sie eine dynamische Sprachlernumgebung, die die Lernenden motiviert und begeistert.

Ziele:
• Fördern Sie eine aktive und kreative Auseinandersetzung mit neuen Begriffen.
• Helfen Sie den Lernenden, den Wortspeicher als lebendiges und kollaboratives Werkzeug zu nutzen.
• Schaffen Sie eine Umgebung, in der der Wortschatz kontinuierlich erweitert und angewendet wird.

Einführung:
Erklären Sie den Wortspeicher als „lebendiges Dokument".
• Betonen Sie, dass er von der gesamten Gruppe gestaltet wird und ständig wächst.
• Stellen Sie die verschiedenen Funktionen des Wortspeichers vor: Sammeln, Verstehen, Anwenden.
Diskutieren Sie die Vor- und Nachteile von Medien, die sie als Gruppe nutzen wollen.

Jenseits von richtig und falsch da treffen wir uns •Rumi

Digital:
Nutzen Sie Cloud-Dienste wie beispielsweise Google Docs, Padlet oder Schulplattformen. Dies ermöglicht gemeinsames Arbeiten in Echtzeit.

Analog:
Verwenden Sie Poster, Pinnwände oder ein großes Notizbuch, das im Klassenraum ausgelegt wird.

• Legen Sie gemeinsam einen Fahrplan zur Unterstützung der Lernenden zum Erarbeiten und Pflegen des Wortspeichers fest.
• Erstellen Sie gemeinsam zu Beginn eine erste Liste von Wörtern aus der Lektüre. Legen Sie fest, welche Informationen pro Wort gesammelt werden (z. B. Definition, Synonyme, Beispielsätze, Übersetzungen).

Rotierender Verantwortungsbereich:

Weisen Sie pro Woche einer kleinen Gruppe zu, die neuen Wörter aus dem aktuellen Kapitel zu ergänzen.

Lernen durch Spiele und Quizrunden:

• Erstellen Sie Quizfragen aus dem Wortspeicher, z. B. Definitionen erraten oder Wörter buchstabieren.
• Nutzen Sie digitale Tools wie Kahoot! für spielerische Abfragen.

Ermöglicht werden soll die individuelle und kollaborative Nutzung.

Hausaufgaben:
• Lassen Sie die Lernenden Wörter aus dem Wortspeicher in eigenen Sätzen verwenden.

Team-Challenges:
• Wer kann die meisten Wörter kreativ in einer Geschichte oder einem Gedicht verarbeiten?

Regelmäßige Reflexion und Anwendung:
Am Ende jedes Kapitels kann die Klasse die wichtigsten Begriffe diskutieren und hervorheben, Wortschatz-Runden!
• Fragen Sie: Welches Wort war am schwierigsten? Welches fandet ihr besonders spannend?
• Lassen Sie die Lernenden Begriffe aus dem Wortspeicher in kreativen Projekten oder Diskussionen anwenden.
Verknüpfen Sie Wörter mit aktuellen Themen oder persönlichen Erfahrungen.

Langfristige Integration und Verbindung zur Lektüre:

• Beziehen Sie den Wortspeicher kontinuierlich in die Arbeit mit den Kapiteln ein.
• Überprüfen Sie, ob die Wörter in den Aufgaben und Diskussionen aktiv verwendet werden.

Kontinuierliche Pflege:
• Ermutigen Sie die Lernenden, den Wortspeicher auch nach Abschluss des Workbooks zu nutzen und zu erweitern.

• Motivieren Sie **durch Vorbild** und entwickeln eigene Ideen:

Schreibe separat.

1. Die Einladung - zu Abschnitt I .... Seite 7-17

1. A) Der Brief: Einführung und interkulturelle Reflexion

Afsanehs Brief dient als Werkzeug für interkulturelles Lernen und persönliche Reflexion. Die direkte Ansprache der Lernenden erleichtert den Zugang zu Afsanehs Geschichte und macht den Brief zu einem interaktiven und emotionalen Einstieg ins Workbook.

1. B) *Woman - Life - Freedom*: Eine globale Bewegung

Der aktuelle Bezug hilft den Lernenden, zu gesellschaftspolitischen Themen zu recherchieren. Diese Lerneinheit verbindet die universellen Werte von Freiheit und Gleichheit mit einer realen, aktuellen Bewegung. Die Lernenden entdecken, darüber zu reflektieren und sich kreativ damit auseinanderzusetzen. Empathie, interkulturelles Verständnis und die Fähigkeit, eigene Meinungen zu bilden, werden gefördert.

1. C) Der Iran und die Vereinten Nationen

Der historische Blick auf die aktive Rolle des Iran in der Weltpolitik fördert die Recherchefertigkeiten und das Verständnis für internationale Zusammenarbeit. Die Fähigkeit, globale Themen auf persönliche Werte zu beziehen, unterstützt die Neugier, wie politische Entscheidungen langfristig wirken.

1. D) Rumi – Der persische Dichter und Philosoph

Rumis Botschaften für sich selbst zu entdecken und sie auf die Herausforderungen unserer heutigen Welt anzuwenden, gibt nicht nur eine Einführung in die persische Poesie, sondern auch eine Gelegenheit, über universelle Werte wie Menschlichkeit, Liebe und Gemeinschaft nachzudenken.

2. Meine Notizen – zu Abschnitt II .... Seite 18-27

2. A) Als Teenager im Faschismus: Verantwortung und Mitgefühl

Die Lernenden werden angeregt, sich kritisch mit Geschichte, Verantwortung und ihrer eigenen Haltung auseinanderzusetzen. Folgende Diskussionen erfordern Moderation:
• Kann man Jugendliche für ihre Entscheidungen in totalitären Regimen verantwortlich machen?
• Was würde heute helfen, dass junge Menschen nicht denselben Fehlern erliegen?

2. B) Grenzen: Stadtgesellschaften und Nationen

Grenzziehungen als Parabel für gesellschaftliche Spaltung ist ein Feld, das in mehreren Dimensionen zusammen durchdacht und diskutiert werden kann.

Es bietet sich an, eine historische Brücke schlagen:

• Nutzen Sie das Thema **Grenzen** als Einstieg, um Parallelen zwischen der Entstehung von Stadtgesellschaften, dem Aufbau von Nationalstaaten und der Teilung Deutschlands zu ziehen. Vermitteln Sie, dass Grenzen nicht nur physische Linien sind, sondern auch soziale, kulturelle und psychologische Barrieren schaffen können.

Emotionale Verknüpfung:

• Erzählen Sie anschaulich, wie Menschen auf beiden Seiten einer Grenze das Leben erfahren. Lassen Sie die Lernenden beispielsweise Geschichten über Familien hören, die durch die Berliner Mauer getrennt waren, oder über Menschen, die Stadtmauern überwinden mussten, um Freiheit zu erlangen. So wird Geschichte greifbar und emotional nachvollziehbar.

Grenzen als Spiegel der Gegenwart:

• Diskutieren Sie mit den Lernenden, wie Grenzen heute wirken, etwa in der EU, an Flüchtlingsrouten oder in digitalen Communities.
• Wie hat sich die Welt seit der Verabschiedung der UN Resolution 39/11 im Jahr 1984 verändert - der man nachsagt, dass die ihr folgenden Sanktionen auch die Demontage der Selbstschussanlagen und Minen im „Todesstreifen" entlang der Mauer zum Westen auf Seiten der DDR begünstigten?

Interaktive Übung zur Berliner Mauer:

• Lassen Sie die Klasse eine symbolische Grenze im Klassenraum ziehen (z. B. mit Kreppband) und geben Sie den entstandenen Gruppen unterschiedliche Rechte. Diskutieren Sie, wie sich die Getrennten auf der einen oder anderen Seite fühlen. Nutzen Sie dies als Ansatzpunkt, um über die Trennung Deutschlands zu sprechen und Parallelen zu anderen historischen oder aktuellen Grenzziehungen zu ziehen.

Parallele zu Afsanehs Erfahrungen:

• Verdeutlichen Sie, wie Grenzen in Afsanehs Leben eine Rolle spielen – sei es durch die kulturellen und politischen Barrieren zwischen Ost und West oder durch persönliche Grenzen, die sie überwunden hat.
• Diskutieren Sie: Welche „Grenzen" musste Afsaneh durch ihre Emigration überwinden, und wie hat das sie und ihre Identität geprägt?

Lernende aktiv einbinden:

• Fordern Sie die Lernenden auf, ihre eigenen Erfahrungen mit „Grenzen" zu teilen – ob diese geografisch, sozial oder emotional sind. Diese persönlichen Bezüge fördern ein besseres Verständnis der Auswirkungen von Grenzen auf das Leben.

Aufteilung von Aufgaben:

• Teilen Sie die Klasse in Gruppen, die unterschiedliche Aspekte von Grenzen bearbeiten (z. B. historische Stadtgrenzen, nationale Grenzen, virtuelle Grenzen in der digitalen Welt). Lassen Sie die Gruppen ihre Erkenntnisse präsentieren, um eine vielfältige Perspektive zu schaffen.
Geben Sie den Lernenden Raum, um zu erkunden, was für eine Veränderung die UN Resolution 39/11 für die Moblität von Menschen weltweit gebracht hat.

Zukunftsperspektive entwickeln:

• Diskutieren Sie, wie die Welt ohne Grenzen aussehen könnte. Fördern Sie eine kritische Diskussion über die Vor- und Nachteile von Offenheit und Begrenzung, um das Thema abzurunden.
Mit dem Bogen zur Gegenwart und den persönlichen Erfahrungen der Lernenden entsteht eine lebendige und tiefgreifende Auseinandersetzung mit der Bedeutung von Grenzen.

2. C) Die Macht der Sprache: Worte formen Welten

Diese Aufgaben laden die Lernenden ein, die Macht der Sprache sowohl kritisch zu hinterfragen als auch als Werkzeug für positive Veränderungen zu nutzen.

 Erste Erfahrungen mit dem eigenen Wortspeicher wurden gesammelt. Helfen Sie den Kindern, den Wortspeicher gemeinsam als *living document* zu organisieren.

Sensibilität im Umgang mit politischen Themen:

Das Thema ist hochsensibel, da es um die Unterdrückung von Menschenrechten und Meinungsfreiheit geht.

Vermitteln Sie eine offene Haltung, und betonen Sie, dass die Meinungen der Lernenden wertvoll sind. Ermutigen Sie zu kritischem Denken, ohne die Lernenden unter Druck zu setzen, eine „richtige" Meinung zu haben.

Brücke zur eigenen Lebensrealität:

• Ziehen Sie Parallelen zu Beispielen aus anderen Ländern oder aus dem Alltag der Lernenden. Zeigen Sie, dass Sprache auch in sozialen Medien oder im Schulumfeld mächtig ist. Fragen Sie: Habt ihr selbst erlebt, wie Worte verletzen oder helfen können?

Empowerment durch Sprache:

• Legen Sie den Fokus darauf, dass die Lernenden erkennen, wie sie Sprache positiv einsetzen können. Sei es, um sich auszudrücken, um zu verbinden oder um für Gerechtigkeit einzutreten.

Medienkompetenz fördern:

• Lassen Sie die Lernenden recherchieren, wie Sprache in Medien genutzt wird, um Meinungen zu beeinflussen. Diskutieren Sie kritisch, wie sie mit solchen Mechanismen umgehen können.

DERWEIL KOLONIALMÄCHTE DIE GANZE WELT AUFTEILEN:

Avantgarde, Freunde!

DIE GANZE WELT ...?! NEIN! PERSIEN ERNTET DIE FRÜCHTE SEINES HAUS DES WISSENS*:

Fast friedliche, Neuordnung dank Parlament! Nimm das Welt!

AHMAD, 12 JAHRE SCHAH-ANWÄRTER

* DAR AL-FONUN, GEGRÜNDET VON AMIR KABIR, 1851

2. D) Reichtum durch nachhaltige Bewirtschaftung

Diese Aufgabe verbindet historische Forschung mit aktuellen Fragen zur Nachhaltigkeit und vermittelt die Bedeutung von klugem Umgang mit Ressourcen – sowohl damals als auch heute.

Verbindung von Geschichte und Gegenwart:

• Zeigen Sie den Lernenden, dass nachhaltige Bewirtschaftung nicht nur eine historische Frage ist, sondern auch eine Antwort auf heutige Herausforderungen wie Klimawandel und Ernährungssicherheit darstellt.

Förderung von Recherchekompetenzen:

Bestärken Sie die Lernenden, vertrauenswürdige Quellen im Internet zu finden und kritisch mit Informationen umzugehen.
• Geben Sie Tipps zu seriösen Websites (z. B. LeMO, UNESCO, Anthropologische Institute oder wissenschaftliche Artikel).

Interdisziplinäre Ansätze:

• Verknüpfen Sie das Thema mit Geografie, Geschichte und Biologie, um den Lernenden ein umfassenderes Bild zu vermitteln.

 Lassen Sie die Lernenden in Gruppen arbeiten, um ihre Erkenntnisse zu präsentieren und gemeinsam Schlussfolgerungen zu ziehen.

3. Unsere Erzählung - zu Abschnitt III-IV ... Seite 28-75

3. A) Die Armee des Wissens: Revolution durch Bildung

Zu erkennen, wie wichtig Bildung für den Fortschritt einer Gesellschaft ist und wie Initiativen wie die „Armee des Wissens" den Grundstein für nachhaltige Entwicklung legen können, gibt den Lernenden Raum, eigene neue Ideen von Mitverantwortung zu finden. Gleichzeitig sollen sie die Widersprüche und Herausforderungen eines solchen „Systems" kritisch hinterfragen können.

Hintergrund:
Recherchieren Sie gemeinsam, dass Bildung eines der zentralen Themen der „Weißen Revolution" war. Die „Armee des Wissens" war eine Initiative, um jungen Menschen in ländlichen Regionen den Zugang zu Grundbildung zu ermöglichen, und wurde von der UNESCO ausgezeichnet.

• Nutzen Sie Kartenmaterial und Statistiken, um die ländlichen Regionen des Iran aufzuzeigen, in denen Alphabetisierung besonders niedrig war.

• **Weisen Sie darauf hin, dass Bildung ein Privileg ist, das nicht in allen Ländern gleichermaßen zugänglich ist.**

3. B) Märchen - Geschichten auf Reisen

Märchen als ein globales Phänomen erkennen, das Menschen über Generationen und Kulturen hinweg verbindet: Die Lernenden sollen sich kritisch mit der Herkunft und den Veränderungen von Geschichten auseinandersetzen und Stereotype reflektieren.

Hintergrund:

- Stellen Sie klar, dass viele Märchen, die als national angesehen werden, oft auf Geschichten aus anderen Kulturen basieren.

- Erklären Sie, wie Märchen durch mündliche Überlieferung, Reisen und literarische Adaptionen entstanden sind. Zeigen Sie Beispiele aus verschiedenen Regionen, um die Vielfalt und den Austausch zu betonen.

Betonen Sie, dass Märchen keine festen kulturellen Grenzen haben, sondern durch Austausch und Anpassung wachsen. Vermeiden Sie es, Märchen ausschließlich bestimmten Nationalitäten oder Kulturen zuzuordnen, und fördern Sie stattdessen eine offene Perspektive.

- Nutzen Sie Karten oder Zeitleisten, um die Reise von Märchen nachzuvollziehen. Lassen Sie die Lernenden selbst kreativ werden, indem sie Geschichten aus ihrer Region oder Kultur neu erzählen, um den Prozess des kulturellen Austauschs zu verstehen.

3. C) Farah Diba: Zwischen harter Arbeit und Repräsentation

Unterschiedliche Wahrnehmungen:

- Thematisieren Sie mit der Gruppe, warum Farah Diba in verschiedenen Gesellschaften unterschiedlich wahrgenommen wird: als Repräsentantin eines modernen Irans oder als Symbol einer Oberschicht.

Kein Märchen, sondern Realität:

• Betonen Sie die harte Arbeit und Verantwortung, die mit Farah Dibas Rolle verbunden war.
• Ermuntern Sie die Lernenden, kritisch zu hinterfragen, ob und wie diese Aufgaben heute von Monarchen, Influencern oder anderen Repräsentanten wahrgenommen werden.

Anknüpfungspunkt Märchen:

• Knüpfen Sie an die Diskussion über Märchen aus Punkt B an.
• Fragen Sie: Was unterscheidet das Leben einer Monarchin wie Farah Diba von der Märchenwelt? Welche der Werte aus Märchen (z. B. Gerechtigkeit, Schönheit, Mut) könnten in ihrem Handeln sichtbar geworden sein?

3. D) „Unriddle the Comic": Macht und Intrigen

• **Kontext geben:**

Erklären Sie kurz, wer Mohammad Mossadegh war, ohne eine feste Meinung vorzugeben. Lassen Sie die Lernenden selbst herausfinden, warum er so unterschiedlich bewertet wird.

Betonen Sie, dass es viele Sichtweisen auf die Geschichte gibt. Fördern Sie kritisches Denken und die Bereitschaft, auch unangenehme Wahrheiten zu betrachten.

Achten Sie darauf, dass die Lernenden erkennen, wie politische Narrative entstehen und warum sie so mächtig sind. Dies ist besonders wichtig, wenn sie eigene Verbindungen zwischen Vergangenheit und Gegenwart ziehen.

3. E) Der Aufbruch aus der DDR: Eine „friedliche Revolution"?

Begriff „Revolution" hinterfragen:

• Diskutieren Sie mit den Lernenden, ob der Begriff „Revolution" für die DDR-Bewegung treffend ist oder ob andere Begriffe, wie „Aufbruch" oder „friedlicher Wandel", besser passen könnten.

Brücken bauen:

• Ziehen Sie Parallelen zu anderen friedlichen Bewegungen weltweit und hinterfragen Sie, warum manche erfolgreich waren und andere nicht.

Empathie fördern:

• Nutzen Sie die kreativen Aufgaben, um den Lernenden zu vermitteln, wie es sich angefühlt haben könnte, Teil dieser Bewegung zu sein. Dadurch wird die Geschichte greifbarer und die Verbindung zur Gegenwart deutlich.

4. Afsaneh – eine von allen .... gesamte Lektüre

Wie kann die persönliche Geschichte von Afsaneh dazu beitragen, die Themen Identität, Migration, und kulturelle Vielfalt im Unterricht zu behandeln? Welche der in der Lektüre behandelten Werte möchten Sie besonders hervorheben?

4. A) Die bewusste Wahl unterschiedlicher Textsorten

• Fördern Sie die Fähigkeit der Lernenden, verschiedene Textsorten zu erkennen und ihre Wirkung zu analysieren.

- Ermutigen Sie zu kreativem Denken, indem Sie Inhalte in unterschiedlichen Formaten ausdrücken.

Hinweise zur Umsetzung:
- Beginnen Sie mit einer kurzen Einführung zu Textsorten (z. B. Brief, Dialog, Comic) und deren Funktionen.
- Nutzen Sie Beispiele aus der Lektüre, um die Wirkung von Stilmitteln wie Humor, Emotionalität oder Reflexion zu verdeutlichen.
- Diskutieren Sie, wie die Wahl der Textsorte die Lesbarkeit und die Botschaft beeinflusst.

- Lassen Sie in Kleingruppen arbeiten, um unterschiedliche Perspektiven und Ideen zu fördern.
- Achten Sie darauf, dass die kreative Aufgabe offen gestaltet wird, damit individuelle Stärken und Interessen berücksichtigt werden.

4. B) Die Perspektive Afsanehs: Eine universelle Geschichte?

- Diskutieren Sie, inwiefern Afsanehs Geschichte gleichzeitig einzigartig und repräsentativ sein kann.

- Fördern Sie Empathie durch den Perspektivwechsel und die Auseinandersetzung mit parallelen Lebensrealitäten.

- Stellen Sie Verbindungen zwischen Afsanehs Geschichte und aktuellen globalen Themen her.
- Ermutigen Sie die Gruppe, verschiedene Quellen für ihre Recherche zu nutzen, wie Zeitungsartikel, Videos oder Interviews.

- Ermöglichen Sie den Lernenden, ihre persönlichen Erfahrungen oder die von Menschen aus ihrem Umfeld in die Diskussion einzubringen.
- Bieten Sie die Möglichkeit an, die Perspektivwechsel-Aufgabe künstlerisch umzusetzen (z. B. durch Zeichnungen, Gedichte oder Monologe).

4. C) Werte und Botschaften der Lektüre

• Welche Werte vermittelt die Lektüre (z. B. Toleranz, Respekt, Freiheit)? Suchen Sie sich für Ihre Arbeit Zitate heraus. In welchen Kapiteln oder Texten finden Sie diese Botschaften?

4. D) Visionen für die Zukunft - Der Iran und die Welt

Fördern Sie eine respektvolle Atmosphäre, in der alle Meinungen und Ideen willkommen sind.

• Dieses Thema lädt die Lernenden dazu ein, ihre eigene Zukunftsperspektive zu entwickeln und gleichzeitig die Rolle von Literatur und Bildung in der gesellschaftlichen Transformation zu reflektieren.

• Impulse für die Diskussion: Was wünschen sich die Lernenden konkret für ihr eigenes Umfeld? Wie können sie selbst dazu beitragen, dass solche Wünsche Realität werden?

Kein Lesetagebuch,
aber eine Einladung,
Stichworte zu den Eindrücken
während der Arbeit mit der Lektüre zu sammeln:

Literaturverzeichnis und empfohlene Ressourcen:

Dr. Parnaz Kianiparsa & Dr. Sara Vali: Bā ham A1. Persisch für Anfänger, Ernst Klett Sprachen, Stuttgart 2018.

Maulana Dschelaladdin Rumi: Von Allem und vom Einen, übers. Annemarie Schimmel, Diederichs Verlag, München 2020.

Rashin Kheiriyeh: Rumi. Dichter der Liebe, übers. Thomas Bodmer, NordSüd Verlag, Zürich 2023.

Stephan Orth, Samuel Zuder, Mina Esfandiari: Iran. Tausend und ein Widerspruch, National Geographic, München 2018.

Cornelius Adebahr: Inside Iran. Alte Nation, neue Macht?, Dietz, Bonn 2018.

Geschichte der Welt. Eine Jahreschronik in Daten, Fakten und Bildern, Dorling Kindersley, München 2012.

Barnabas & Anabel Kindersley: Kinder aus aller Welt, übers. Anne Braun, Loewe, Bindlach 1997.

Marshall B. Rosenberg: Gewaltfreie Kommunikation, Junfermann, Paderborn 2003.

Maryanne Wolf: Das lesende Gehirn. Wie der Mensch zum Lesen kam - und was es in unseren Köpfen bewirkt, Spektrum, Heidelberg 2009.

Geo Epoche Kollektion: Der Nahe Osten. Vom 15. Jahrhundert bis heute: Die Geschichte einer umkämpften Region, Heft Nr. 30, Hamburg 2023.

Geo Epoche - Das Magazin für Geschichte: Das alte Persien. Die Geschichte eines Weltreichs - von der Antike bis zur Blüte unter den Muslimen. 550 v. Chr. - 1722 n. Chr., Heft Nr. 99, Hamburg 2019.

Geo Epoche - Das Magazin für Geschichte: Das Osmanische Reich 1300-1922, Heft Nr. 56, Hamburg 2012.

Isnogud. Der Großwesir. Die Goscinny- & Tabary-Jahre 1962-1969, Carlsen Comics, Hamburg 2023.

https://de.wikipedia.org/wiki/Liste_persischer_Erfinder_und_Entdecker
https://de.wikipedia.org/wiki/Persischer_Korridor
https://www.un.org/en/
https://www.nobelpeaceprize.org
https://www.iranicaonline.org

Afsaneh wie die Autorin sind literarische Personen, die aus unzähligen Gesprächen lebenserfahrener Frauen zusammenfanden, um gemeinsam allen Lesenden und Jugendlichen Einblick in Fakten, Gefühle und Gedanken von Menschen zu geben, die heute in Deutschland leben.

Vera Ansén

wurde 1972 in Wiesbaden geboren und wuchs als Kölnerin auf. Sie studierte Theater-, Film- und Fernsehwissenschaft, Pädagogik, Philosophie und dann auch noch Psychologie? Immer noch ist sie davon überzeugt, der Kopf sei rund, damit die Gedanken besser kreisen können.
Mit ihren vielen Talenten in Wort und Bild hilft sie anderen Menschen, Sprachlosigkeit zu überwinden, und vergisst dabei nie: gut zu unterhalten!
Bleiben Sie neugierig!

Dieses Workbook
ergänzt
Afsaneh ~ eine von allen
und ist überall erhältlich,
wo es Bücher gibt!

ISBN 978-3-758-33098-8

Afsaneh kommt aus Iran, ich aus Deutschland.
Reicht das für ein gemeinsames Buch?

Viele Fragen lassen uns ins Gespräch kommen:
über ihre Heimat, das Leben und die Zukunft,
die sie sich für ihre Enkeltochter wünscht.

Vielleicht ist nicht alles wahr, wa in diesem
Buch geschrieben steht. Aber so oder so
ähnlich ist es wohl gewesen! Den Rest findet
ihr im Internet, den Anfang hier ...